Yoana Pavlova

O lugar da mulher no casamento

Yoana Pavlova

O lugar da mulher no casamento

ScienciaScripts

Imprint

Cover image: www.ingimage.com

This book is a translation from the original published under ISBN 978-3-659-83004-4.

Publisher:
Sciencia Scripts
is a trademark of
Dodo Books Indian Ocean Ltd. and OmniScriptum S.R.L publishing group

120 High Road, East Finchley, London, N2 9ED, United Kingdom
Str. Armeneasca 28/1, office 1, Chisinau MD-2012, Republic of Moldova, Europe
Printed at: see last page
ISBN: 978-620-8-19198-6

Índice:

Introdução

Este texto apresenta os resultados de um estudo sobre a instituição do casamento na Bulgária e, em particular, sobre o "lugar" que a mulher ocupa no mesmo.

O casamento, enquanto instituição, é uma construção social que, durante séculos, se manteve inalterada, o que, por sua vez, cria a sensação de um estado estático e completo, sendo qualquer mudança entendida como uma ameaça aos alicerces da sociedade.

A mudança de estilo de vida após a Revolução Industrial não podia deixar de provocar uma mudança nas relações conjugais. As ideias de modernidade, liberdade, igualdade e expressão pessoal impregnaram a vida quotidiana do indivíduo e alteraram as suas percepções. A busca da felicidade pessoal reflectiu-se mais fortemente na escolha do cônjuge e na constituição da família. A felicidade começou a ser medida pelo estatuto da pessoa na sua própria família e, a partir daí, projectada na sociedade.

Na história antiga da humanidade, com pequenas excepções, a forma dominante de relações familiares era o patriarcado. Um sistema em que o marido é o chefe da família e a mulher é subordinada. Historicamente, este modelo de casamento estava relacionado com as condições naturais e a luta pela sobrevivência. O homem, por ser mais forte fisicamente e não estar ligado às funções de procriação, caçava, lutava, negociava, viajava e representava a família para o mundo exterior. Enquanto a mulher, fisicamente mais fraca e limitada pelas suas funções biológicas de procriação, cuidava das crianças e da manutenção do lar. Com um estilo de vida sedentário e o desenvolvimento urbano, estas divisões de obrigações entre homens e mulheres tornaram-se sagradas. As acções determinadas pelo género foram também justificadas por um destino divino e começaram a impor restrições a quem ousasse desafiá-las. A confirmação das obrigações e dos direitos "apropriados" de ambos os sexos pela religião é a razão da negligência moral e social das mulheres na história da humanidade.

As diferentes obrigações e direitos determinam diferentes espaços de atuação. Com base no espaço físico, existe uma divisão do mundo social em dois "privado e público".

O espaço público é o lugar das actividades políticas e comerciais onde o homem se associa a outros homens e governa a vida social e política. Este lugar é reservado ao homem.

O espaço privado serve de limitação às mulheres e a todas as actividades tipicamente femininas - trabalho doméstico, reprodução, alimentação e cuidados a crianças e doentes - no "privado". Para manter o status quo, as questões sobre o "espaço privado", o "direito à privacidade" não são discutidas e não se tornam objeto de debate no domínio público. São questões que dizem respeito aos próprios indivíduos, que têm de decidir sozinhos, e não dizem respeito à moral e à ética. Juntamente com o desenvolvimento económico, ou seja, o declínio das famílias auto-suficientes e o estabelecimento gradual de mercados nacionais, ocorre um desenvolvimento paralelo que estabelece a "privacidade" dos mercados económicos. Neste contexto, "privacidade" significa a interferência do país político no livre fluxo das relações de mercadorias e, em particular, a intervenção no livre mercado de trabalho. O último significado de "privacidade" e "direitos privados" é a "esfera íntima". Esta é a área do agregado familiar que lida com as obrigações quotidianas, a sexualidade, a reprodução, os cuidados com as crianças, os idosos e os doentes. Todas estas questões permanecem na esfera do íntimo e é o próprio homem que as deve resolver, tendo em conta, naturalmente, as normas existentes. Normas que não só enquadram, mas também predeterminam a solução de todas as questões relativas ao casamento e às relações conjugais.

Em *Structural changes in publicity*, Habermas analisa o desenvolvimento da sociedade moderna à luz do alargamento do âmbito da participação pública. Na área institucional, a geração consensual de normas de ação partilhadas através do discurso prático passa para primeiro plano. Na área da formação da personalidade, o desenvolvimento das identidades individuais torna-se cada vez mais dependente das atitudes críticas e reflexivas dos indivíduos, na ênfase conjunta numa história de vida coerente para além dos papéis convencionais e das definições de género. A auto-identificação da personalidade torna-se mais autónoma. A tradição perde a sua legitimidade, deixa de ser decisiva e determinante para a formação da personalidade, pelo simples facto de ser um caminho para o passado. Isto permite que as mulheres levantem a questão da sua igualdade na esfera pública e privada. (Habermas: 1995:86-93)

As ideias de liberdade individual e de propriedade do "eu" de cada pessoa levantam desafios às realidades existentes da religião, da tradição e das normas sociais, mas também ao direito do "eu" de se distanciar dos papéis sociais e do seu conteúdo. Torna-se possível levantar a questão do papel e do lugar "natural" das mulheres na esfera doméstica. As mulheres podem insistir em direitos equivalentes no casamento.

Na Bulgária, tal como no resto do mundo cristão, o casamento e as relações familiares são uma construção sócio-histórica, cujas definições são determinadas pela tradição patriarcal. Uma caraterística específica do modelo patriarcal no nosso país é o facto de a subordinação não ser apenas por género, mas também por idade. A mulher idosa está sujeita apenas ao seu marido, mas todas as outras pessoas devem-lhe respeito e obediência. Devemos notar que, quando Engels chegou aos Balcãs, acreditou ter encontrado provas incontestáveis de um antigo matriarcado na alta autoridade que as mulheres tinham nas aldeias. (Kirova: 2011)

Este modelo de organização das relações públicas era possível num ambiente agrícola em aldeias onde as tradições e os direitos ancestrais eram cruciais para a existência social do indivíduo.

A mudança do status quo começou com a fragmentação do território, a industrialização do país e a abertura de empresas e fábricas longe do local de nascimento. A primeira etapa da mudança está ligada à partida dos jovens das suas aldeias e cidades de origem para procurar um meio de subsistência noutro lugar. A separação do local de nascimento e dos pais significou uma rutura com as tradições, permitindo quebrar o modelo de relações conjugais existente. A segunda fase de mudança foi a introdução da escolaridade obrigatória e igual para homens e mulheres e a entrada das mulheres no mercado de trabalho remunerado fora de casa. O modelo patriarcal de casamento existente na Bulgária não era capaz de satisfazer os desejos e as expectativas em mutação dos homens e das mulheres.

Capítulo 1

Metodologia

Os significados que a instituição do casamento atribui não são apenas problemas experimentados pessoalmente, mas também se referem a atitudes sociais, morais e éticas geralmente aceites para condicionar padrões e normas de comportamento e percepções. Num esforço para compreender e entender melhor o problema, o estudo utiliza o método da história oral.

A utilização da história oral é um recurso muito valioso, que fornece informações sobre a vida quotidiana de uma pessoa comum numa determinada época histórica. O acompanhamento e a análise das histórias de mulheres dão a oportunidade de seguir o modo de organização e desenvolvimento das relações entre homem e mulher numa esfera muito íntima, o casamento. É possível seguir a passagem da vida quotidiana e a forma como os valores sociais e morais se entrelaçam nas crenças pessoais, até que ponto os modelos prescritos são seguidos e como mudam. Podemos também perceber se os padrões existentes em relação ao casamento e às mulheres permanecem os mesmos ou, pelo contrário, se mudam e em que direção. As suas histórias orais mostram-nos os seus sonhos, as suas expectativas e a autenticidade do seu casamento e dos seus maridos.

A forma de mostrar a sua própria experiência reflecte os valores, partilhados e impostos pela sociedade, mas refractados através da experiência pessoal individual (aprendizagem).

A "história oral" ou as "histórias de vida" são cada vez mais utilizadas na investigação sobre o género. Permitem ao investigador abarcar e descobrir a história e as experiências de grupos marginalizados em qualquer sociedade. Também permitem o estudo de um momento específico ou íntimo da experiência do indivíduo. Este método é muito adequado para o estudo de experiências femininas específicas no casamento, porque reconhece a experiência e a avaliação do indivíduo. Isto, por sua vez, permite completar uma determinada parte da história feminina.

"A auto-descrição é a auto-construção do eu. A auto-representação sugere reflexão e, portanto, não implica uma enumeração sequencial de factos, mas requer a sua interpretação. Uma história autobiográfica é sempre fragmentada. É muito difícil traçar os acontecimentos exatamente como eles realmente aconteceram. Os acontecimentos que deixaram marcas incuráveis na mente do contador de histórias são os que ficaram na sua memória. Ele ou ela lida com a entropia das suas próprias experiências, formando-as numa narrativa coerente. Desta forma, os pormenores são entrelaçados nas estruturas mais amplas que lhes dão sentido. Não devemos esquecer que os factos são avaliados em termos do momento presente. E os acontecimentos mais importantes da vida são o pivô do enredo da história. Por conseguinte, aqueles que não têm qualquer relação com a história de vida assim construída, são ocultados e permanecem assim como uma parte não contada da vida." (Koleva: 2002)

Consegue-se uma sobreposição entre o individualizado, a esfera privada e os espaços públicos aparentemente separados dela. Assim, na vida quotidiana instala-se um "consumo de massa de produtos de massa e a disseminação da cultura de massa através dos meios de comunicação social. O homem de massa tem uma biografia dita "normal"". (Koleva: 2000) A biografia normal é a mais divulgada, a mais previsível e a que afecta quase todos os membros de uma comunidade. Mas, além disso, é normal porque é determinada por um conjunto de padrões estabelecidos por normas institucionais e universalmente válidas. Trata-se de uma normalização de aspectos da vida, como a diferenciação de grupos etários, a formação de fases da vida ou de áreas da vida como a família, a maternidade, a educação, a profissão e o trabalho. As próprias mulheres devem ter uma biografia normal que cumpra os limites especificados numa determinada sociedade. A norma para a biografia feminina inclui, sem dúvida, a instituição do matrimónio e o papel de mãe e esposa (Koleva: 2000).

Cada mulher ou grupo de mulheres tem conhecimentos específicos que se devem à sua origem social, educação, rendimentos, etc. Mas talvez o único domínio que possa unir as mulheres enquanto categoria seja a esfera mais íntima do casamento e das relações conjugais. Apesar de a existência social da mulher durante séculos ter passado pela instituição do casamento, mesmo aí ela não tem uma história que reflicta os seus próprios conhecimentos e experiência. Este estudo procura preencher uma pequena parte da história das mulheres na instituição do casamento na Bulgária. A análise das experiências de acasalamento feminino através das histórias das mulheres reflecte as suas expectativas reais e ideais em relação ao casamento; as suas próprias experiências no casamento; a organização do modelo de casamento; reflecte as normas sociais e culturais do casamento e o lugar das mulheres no mesmo; a avaliação e a sensibilidade em relação ao casamento.

Em todas as sociedades persistem estereótipos e normas de comportamento tradicionais que são considerados completamente naturais sem serem problematizados e que são vistos como normais e continuam a reproduzir-se na sociedade moderna. O meu objetivo é verificar em que medida estes padrões normativos afectam as mulheres na sua comunicação e na sua própria história. As diferenças faladas e repetidamente enfatizadas entre homens e mulheres necessitam e delineiam a sua reprodução, tanto no seu estilo de vida como na sua interpretação e compreensão, pelo que as histórias de vida orais são um material muito favorável para a investigação. Elas perguntam e demonstram claramente as diferenças entre homens e mulheres na seleção do tema, na escolha da matriz narrativa feita pelos diferentes sexos. Tudo isto é enquadrado pela forma como constroem as suas percepções do mundo. A sociedade tradicional exige padrões sociais de feminilidade a todas as mulheres biológicas, e no processo de socialização impõe-se a confiança de que os padrões de feminilidade selecionados são naturais, fazem parte da feminilidade biológica.

A consolidação de determinados valores e normas de comportamento ocorre no processo de socialização do indivíduo. Uma vez impostos, os estereótipos e as normas de comportamento e perceção mudam com dificuldade.

Um exemplo disso são os estudos sociológicos da década de 1990, que mediram as atitudes das pessoas em relação ao casamento e aos papéis familiares. Os dados revelam que as atitudes em relação ao género são bastante estáveis e apenas se alteram ligeiramente ao longo do tempo. Um estudo comparativo internacional de meados dos anos 90 (Family and changing gender roles. ISSP: 1995) indicou que dois terços dos inquiridos defendem que "o papel do homem é ganhar dinheiro e o da mulher é cuidar da casa e da família".

Todos estes estereótipos sobre o comportamento masculino e feminino reflectem-se no modo de falar e no discurso. M. Foucault define-os como discursos que estão sujeitos a um espaço institucional limitado, como a família, a escola, etc. Uma forma de captar estes portadores de significado linguístico é a utilização da análise de conteúdo. É "o método mais adequado para captar as mudanças nos valores e normas sociais em imagens e estereótipos sobre "o outro"". Neste caso, o "outro" é a experiência do casamento feminino. (Diekmann: 1998)

H. Lasswell utilizou a análise de conteúdo, introduzindo alguns dos seus componentes. A análise de conteúdo é a cadeia de comunicação na qual devemos ter em mente "quem, o que ele ou ela diz, a quem o diz e com que resultado". (Lasswell: 1992)

Neste sentido, o método ultrapassa o texto e dirige-se ao contexto social, às normas e valores sociais transmitidos pelo texto.

Para efeitos do presente trabalho, as categorias utilizadas são:

- casamento - onde são consideradas as definições e os pontos de vista das próprias mulheres relativamente à instituição do casamento;
- modelos de casamento - através de histórias de vida, será analisada a medida em que as mulheres reconhecem e professam noções tradicionais de norma de casamento e de relações conjugais;
- relações conjugais - o lugar que a mulher ocupa na instituição do casamento é monitorizado através das histórias das mulheres sobre a fundação do seu próprio casamento e as relações com os seus maridos;

O quadro teórico que define o "lugar" da mulher no casamento é a teoria dos "campos" de Bourdieu. O "*campo*", Bourdieu definiu como "uma rede ou uma configuração de relações objectivas entre posições" (P.Burdiyo: 1997: 291). O principal aspeto do campo é uma estrutura em que os campos são considerados como campos de forças. A ideia que Bourdieu coloca neste aspeto é a de que existem estruturas objectivas, independentes da vontade e da consciência dos agentes individuais, que embora só existam através da prática do habitus dos actores sociais que as revitalizam, têm uma lógica própria, que nem sempre é percebida pelos actores do campo. Pela situação atual ou potencial dos agentes que ocupam posições no campo, forma-se a estrutura da distribuição dos diferentes tipos de poder. (Bourdieu, 1997:291)

O campo representa um mundo distinto que é separado do resto do mundo através da diferenciação. Neste aspeto, os campos são tratados como áreas autónomas, que jogam de acordo com regras específicas, praticamente concebidas; que, em determinadas condições, podem ser explícitas e codificadas. Para além das fronteiras interiorizadas do habitus, as estruturas dos campos também criam uma gama de possibilidades práticas para os actores sociais.

O habitus pode ser definido como a forma como as estruturas sociais são seladas na mente e no corpo através da interiorização do mundo que nos rodeia. As origens sociais e as primeiras experiências de vida são a razão pela qual a trajetória social, a forma de pensar, a perceção e a ação se formam de uma determinada maneira. Isto acontece na maioria das vezes de forma inconsciente, mas estas atitudes são organizadas de forma a serem interiorizadas e incorporadas de forma permanente.

Bourdieu considera a família e a organização das relações familiares como uma "caixa" separada. A estrutura do campo determina as regras e o que é possível e o que não é e, neste sentido, representa uma forma de coerção. Na família, assim como em qualquer outro campo, há uma luta pela distribuição do capital simbólico. Bourdieu define o capital como "trunfos" no jogo, mas também diz: "... Há cartas que funcionam em todos os campos - são os tipos de capital - mas o seu valor relativo como trunfos varia consoante os campos e mesmo consoante as condições sucessivas do mesmo campo." Os capitais determinam, em certa medida, a estrutura de um campo, uma vez que esta depende da afetação de capital entre tipos específicos de posições nesse campo. Enquanto no campo do poder esta luta é travada entre participantes externos, no campo da família a luta tem lugar no seio da família, geralmente entre o homem e a mulher. Os conflitos são causados pelo desejo de redistribuição de papéis e responsabilidades no casamento. À mulher é atribuída uma posição subordinada, que ela tenta eliminar, ameaçando assim o equilíbrio estabelecido no terreno. A família, definida pelo casamento de dois indivíduos ou não, representa uma construção de certas propriedades. (Bourdieu: 1997:52)

"É como um antropomorfismo, que consiste na ligação das propriedades de um grupo a um indivíduo, a família é vista como uma realidade transcendente aos seus membros, como um carácter transpessoal dotado de vida comum e de espírito comum e com uma visão especial do mundo. Em segundo lugar, um conjunto de propriedades: todas as definições de família têm em comum o pressuposto de que ela existe como um mundo delimitado, envolvido no trabalho de reforço das fronteiras e orientado para a idealização do interior como sagrado. Este mundo sagrado e secreto, com portas fechadas do mundo exterior à sua intimidade, através da barreira simbólica do limiar perpetuado pela sua própria libertação, a sua privacidade como barreira ao conhecimento, segredo dos assuntos privados na esfera privada. Poderíamos acrescentar uma terceira esfera à privacidade; a do mosteiro - casa da unidade duradoura, ligada por uma via secreta à casa infinitamente transmissível. A unidade doméstica é concebida como um agente ativo, dotado de uma vontade capaz de pensar, sentir e agir, com base num conjunto de pressupostos cognitivos e de regras normativas sobre a melhor forma de viver as relações domésticas: "a família é um lugar de confiança e de dádiva". (Bourdieu: 1997:115) Os modelos ideais de relação familiar, na sua definição oficial, representam uma avaliação geral da realidade social. A utilização do termo casamento implica uma descrição e uma prescrição da própria instituição e dos seus actores. Por outras palavras, os princípios e os modos de aceitação constroem um Nomos, que nos foi incutido através de diversos mecanismos de socialização. Este princípio de construção é um dos componentes do nosso habitus, uma estrutura mental que é simultaneamente individual e colectiva.

Se a família parece ser uma das categorias sociais mais naturais e é chamada a dar o modelo a todos os corpos sociais, a categoria de família funciona através do habitus. O habitus é um esquema classificatório e um princípio de construção do mundo social e da família como unidade social, especialmente sendo adquirido mesmo dentro da mesma família como uma ficção social implementada. A família é, de facto, o resultado de um trabalho institucional adequado, tanto técnico como ritualístico, com o objetivo de instituir permanentemente em todos os membros da unidade instituída, sentimentos capazes de proporcionar a integração como condição para a existência e a sobrevivência dessa unidade. (Bourdieu: 1997:115)

Este trabalho de integração é tanto mais necessário quanto a família - para existir - tem de ser estabelecida como um corpo que se esforça constantemente por funcionar como um campo, com as suas relações de força física, económica e sobretudo simbólica e com as suas lutas pela preservação ou transformação destas relações de poder.

Podemos compreender as práticas em que a família é o "sujeito", como a "escolha" do casamento, o consumo, a escolha da profissão, etc., apenas na condição de um efeito visível sobre a estrutura das relações de força entre os membros do grupo familiar, funcionando como um campo (daí a história que precedeu este estado); estrutura, que está sempre envolvida nas lutas no interior do campo doméstico. Mas o funcionamento da unidade doméstica como campo encontra os seus limites nos efeitos da dominação masculina, que orienta a família para a lógica do corpo (sendo a integração o efeito da dominação).(Bourdieu:1997:119)

A política do Estado no domínio da família influencia a codificação de certas construções mentais que estão na origem de um certo tipo de famílias. O Estado estabelece os parâmetros fixados para a implementação da família, que são tecidos na ideia formal.

A implementação desta ou de outra socialização faz-se através do conceito de "habitus". O habitus indica as formas de ser, pensar e agir comuns à maioria dos indivíduos do mesmo meio social. A inclusão inconsciente de normas e práticas está enraizada na pertença a um grupo. Em *A Distinção*, Bourdieu mostra que escolhas específicas e gostos estéticos, preferências e reivindicações são exibidos precisamente pelo estatuto social. Bourdieu sublinha que o habitus não é um destino, é um efeito social e não é geneticamente pré-definido.

Se no mesmo grupo social os habitus são próximos, não são afinal idênticos, pois cada indivíduo é confrontado com experiências sociais de forma mais ou menos diferente. O habitus não é um comportamento mecanicamente idêntico, mas sim as tendências e preferências de alguns. Ele explica a reprodução das relações sociais sem o conhecimento dos participantes.

A criação de hábitos femininos e de comportamentos femininos significa disciplinar o comportamento individual global. Isto significa praticamente o controlo de tudo o que se diz e mostra, incluindo todo o treino que a mulher tem de aprender: como andar, que postura deve ter, como se sentar, como e quando sorrir e olhar, como se vestir, como se comportar com os outros, o que e como falar como mulher. São criados vários factores disciplinadores em termos da perceção da família, da sexualidade e da reprodução.

Em *A dominação masculina*, Bourdieu examina a construção da dominação masculina sobre as mulheres, acolhendo e incorporando os esquemas inconscientes de perceção e avaliação, que são fruto da própria dominação. Ele aceita a instituição do casamento como o fator mais estável da dominação masculina.

Mesmo quando pensamos em dominação, corremos o risco de voltar a pensá-la à luz e à maneira da perceção e da avaliação que são estabelecidas como tal pela própria ordem dominante masculina. A dominação androcêntrica do mundo é construída com base nas diferenças sexuais que se manifestam nos atributos sexuais ou no movimento. O movimento ascendente combina-se com o masculino, com a ereção. O macho e a fêmea opõem-se: baixo / alto, em baixo / em cima, duro / mole, claro / escuro. Esta divisão do masculino e do feminino confere à mulher as tarefas mais baixas, inferiores e adversas e, por conseguinte, um papel subordinado na família e na sociedade.

"A divisão sexual parece bem, apresenta-se no estado objetivado das coisas em todo o mundo social e no estado incorporado nos corpos, no habitus dos activistas que funcionam como um sistema de esquemas de perceção, pensamento e ação." (Bourdieu: 2002:17) Estes esquemas de pensamento e, portanto, de expetativa tornam possível a interação com o mundo.

A força da ordem masculina está no facto de não necessitar de justificação. A ordem social funciona como uma enorme máquina simbólica destinada a reforçar a dominação masculina, sobre a qual foi fundada: é a divisão sexual do trabalho, a separação estrita das actividades dos dois sexos, do seu lugar, dos seus instrumentos, a estrutura do espaço com o confronto entre o lugar de encontro ou o mercado, que são reservados ao homem, e a casa reservada à mulher. A divisão do espaço: o homem junto à lareira e a mulher no celeiro, com a água e os legumes. Até a estrutura do tempo é sexualmente determinada - um dia, um ano agrícola ou uma vida inteira - são os momentos para os homens, enquanto as mulheres estão ligadas aos longos períodos de gravidez.

Bourdieu considera que a ordem dominante é mantida e reafirmada pelos sujeitos da dominação, porque estes implementam planos de ação em relação aos dominantes que são o produto dessa dominação. É este sistema de pensamento e de perceção que impõe às próprias mulheres um sentimento de subordinação e uma auto-perceção de si próprias de uma determinada forma. Uma forma predefinida pelas práticas sociais existentes e que é esperada pelo grupo.

A posição subordinada das mulheres é explicada pela sua anatomia. Os órgãos genitais femininos são descritos apenas no Renascimento; até então, acreditava-se que a mulher tinha a mesma autoridade que o homem, mas apontando para dentro. Segue-se a adoção de uma mulher por oposição ao homem, mas com o sinal negativo do fracasso. A mulher é tudo o que o homem não é, mas numa perspetiva negativa, porque a ordem vigente já fixou os parâmetros de funcionalidade do mundo social, os papéis e as responsabilidades dos homens e das mulheres.

A interação sexual entre um homem e uma mulher também parece ser uma relação de dominação, porque se baseia no princípio fundamental da separação do homem como ativo e da mulher como passiva. Este princípio cria, organiza e dirige o desejo: o desejo masculino como desejo de posse, como dominação erotizada, e o desejo feminino como desejo de dominação masculina, como obediência erotizada ou reconhecimento erotizado da dominação.

A distinção entre os sexos deve ser não só biológica mas também social, pelo que a socialização dos homens e das mulheres desempenha um papel importante. Eles devem adquirir o habitus masculino ou feminino. Aprendem como se comportar com o seu corpo, o que e como falar, como e o que devem fazer. A mulher deve aprender a vestir-se, a comportar-se, a adquirir as qualidades virtuosas básicas necessárias a qualquer boa esposa e mãe, a ser moral, silenciosa, submissa à vontade do marido e a cuidar da casa e dos filhos.

O domínio masculino constrói as mulheres como objectos simbólicos. As mulheres adquirem uma vida que não é sua, mas sim imposta ou adoptada, o que as coloca numa posição de insegurança pessoal ou numa relação simbólica: elas existem primeiro e apenas através dos olhos dos outros (entenda-se dos homens). Devem ser acolhedoras, atraentes, ser uma companhia agradável para os seus maridos. Espera-se que sejam "femininas": sorridentes, cuidadosas, subordinadas. Esta "feminilidade" é, muitas vezes, a resposta às expectativas reais ou sentidas do marido.

Capítulo 2

Retrospetiva histórica do casamento e das mulheres na Bulgária

A Bulgária é um país com um sistema familiar e matrimonial europeu. Só reconhece o casamento legal, realizado por funcionários e testemunhas. A única forma legal de casamento é a monogamia e a ideia de família patriarcal que lhe está associada. O casamento, enquanto instituição, abrange o marido e a mulher e a sua relação. Com o desenvolvimento da sociedade, surgem e mudam as necessidades, os desejos, as expectativas e as necessidades dos dois parceiros. Só esta mudança exige uma alteração na formação das relações conjugais.

O nosso país, como qualquer outro do mundo cristão, é fortemente influenciado pelos dogmas cristãos que determinam o comportamento individual não só na esfera pública mas também na esfera privada.

O cristianismo aceita o casamento como uma união sagrada entre um homem e uma mulher. Uma vez estabelecido perante os olhos de Deus, torna-se inseparável: "O que Deus uniu, não o separe o homem". O matrimónio é considerado um sacramento, que se conclui com a bênção sacerdotal dos membros da Igreja Corpo de Cristo. Como cada sacramento, o matrimónio remete para a vida eterna no Reino de Deus e, por isso, não cessa com a morte de um dos cônjuges, criando uma relação eterna entre eles. O homem e a mulher, através do matrimónio, formam um único ser. Tal como o Pai e o Filho continuam a ser duas pessoas diferentes, embora participem na unidade do ser de Deus, o homem e a mulher continuam a ser duas pessoas separadas e, no entanto, é através do matrimónio que constituem um único ser.

Por isso, S. Paulo descreve o matrimónio cristão à luz da comunhão: "Por isso, o homem deixará pai e mãe e unir-se-á à sua mulher, e os dois serão uma só carne" (Ef 5,31). No matrimónio, o marido e a mulher tornam-se um só, mas não são iguais. A mulher está subordinada ao marido. A justificação deste lugar secundário da mulher, os teólogos, os padres e os governantes, todos homens, retiram dos textos sagrados. A criação de Eva depois de Adão é interpretada como indicativa do lugar que a mulher deve ocupar na hierarquia social. Outro facto que apoia a teoria da posição subordinada da mulher é a criação da mulher a partir da costela do homem. O Beato Agostinho diz: "Deus não criou a mulher da cabeça do homem para mostrar que ela não deve dominar sobre ele; nem das suas pernas, para não a transformar em escrava; mas do seu lado, para que ela seja sua companheira igual - depois que o pecado entrou no mundo através da mulher, ela permaneceu igualmente valiosa para o homem diante de Deus, mas não igual." (Bit.3: 16)

O lugar da mulher, segundo a religião cristã, é ao lado do marido, porque ela é parte dele e ambos formam um todo, aproximando-se assim de uma unidade com Deus. A mulher é vista como uma "ajudante" (2,18) do homem, como um complemento dos seus papéis, nomeadamente nas funções reprodutivas. Para além destas atitudes, Santo Agostinho diz: "Assim, se a mulher não foi criada para ajudar o homem na criação dos filhos, de que outra forma o ajudaria? Ela não podia trabalhar a terra com ele, porque naquele tempo não havia trabalho no campo, no qual ela pudesse ajudar. E mesmo que houvesse essa necessidade, teria sido melhor com um ajudante masculino; o mesmo se pode dizer do conforto pela presença de outra pessoa, se Adão se sentisse só. Quão mais satisfatório seria se dois amigos homens, em vez de marido e mulher, desfrutassem da companhia um do outro e da oportunidade de discutir uma vida partilhada igualmente? (...) Por isso, não vejo em que outro sentido uma mulher poderia ajudar o seu homem, a não ser no propósito de criar filhos." (Agostinho:1982)

As orientações que a Bíblia dá no Antigo e no Novo Testamento são interpretadas e aplicadas de forma a corresponder ao mundo social existente. Um mundo dominado pela ideia androcêntrica em que a mulher deve servir as necessidades do homem. Como escreveu Santo Agostinho, a mulher não era considerada um parceiro igual, era apenas um meio para obter descendência. O seu estatuto na família e na sociedade está diretamente ligado ao cumprimento dos deveres prescritos. Quanto melhor ela seguir as prescrições, maior será o prestígio do marido.

Segundo São João Crisóstomo, o amor mútuo e a devoção de um marido e de uma mulher são uma realidade íntima que não pode ser removida nem mesmo pelo pecado original e que permanece num mundo decaído, um resquício da existência original paradisíaca do primeiro casal humano. Mais importante ainda, S. João Crisóstomo opôs-se à ênfase do Antigo Testamento na procriação como a principal razão para o casamento: "Há duas razões", escreveu ele, "pelas quais o casamento foi criado: para nos tornar virtuosos e para nos dar filhos. Destas duas razões, a primeira é mais importante, especialmente agora, quando todo o universo está cheio dos nossos parentes. Inicialmente, a procriação era desejada para permitir a cada um ter um monumento e uma continuação da sua vida. Naquela época, não havia esperança de ressurreição, mas a morte era dominante, e pensava-se que os que morriam pereciam completamente depois desta vida. Por isso, Deus consolava-os com os seus filhos... Mas agora, quando nos é dada a ressurreição e não mencionamos a morte, mas vamos para outra vida, melhor do que a atual, o desejo de descendência torna-se redundante." (Evdokimov: 2014)

[th]Na Bulgária, até ao século XIX, o casamento era decidido por um acordo entre os pais do rapaz e da rapariga. A principal razão para o casamento não era o amor, mas a decisão dos pais sobre se dois jovens seriam capazes de viver juntos, trabalhar e criar filhos. Os pais reflectiam e decidiam com quem casar as suas filhas ou filhos. Muitas vezes, a escolha do cônjuge correspondia ao desejo do jovem de ter uma companheira "no coração", mas as difíceis condições de vida e a luta pela sobrevivência física da família transformavam o casamento num negócio. Uma transação em que o melhor e mais rico candidato era selecionado em função do "tapete" (estatuto) da rapariga. As raparigas eram respeitadas e procuradas, eram "honradas" durante este processo. No entanto, havia dois pesos e duas medidas. Para uma rapariga se casar, tem de ser jovem, ao passo que esta condição não se aplica aos homens. Ele podia casar-se mesmo com uma idade avançada e haveria raparigas suficientes para escolher. (Hadzijski: 1974)

O lado positivo do modelo social é que não há limitações de classe, uma rapariga mais pobre pode casar com o filho de um chefe de aldeia, uma vez que na sua escolha apenas são consideradas as suas qualidades pessoais. As qualidades que cada futura esposa deve ter são: ser uma boa dona de casa, ter uma disposição gentil, estar de boa saúde e não ter defeitos físicos. Todas estas qualidades estão associadas aos deveres "naturais" da mulher enquanto esposa e mãe.

Ivan Hadjiiski distingue a organização da vida pré-casamento e pós-casamento nas cidades e aldeias búlgaras. Esta forma diferente de organizar a sociedade reflecte-se na situação das mulheres na família.

Nas aldeias búlgaras, devido à especificidade da vida, os rapazes e as raparigas conhecem-se desde a infância. Fazem amizade antes do casamento, encontram-se nas festas da aldeia ou em reuniões nocturnas de pessoas, mas as restrições rigorosas às relações sexuais serão observadas mesmo depois de os jovens estarem noivos. A inconcebibilidade de uma relação sexual antes do casamento transforma esse desejo sexual em desejo de casamento e da rapariga escolhida.

"Depois do casamento, a vida da mulher torna-se ainda mais difícil. Ela é um objeto não só para o marido, mas também para o sogro, a sogra, o irmão e a cunhada. Trabalha de manhã à noite. Levanta-se antes do marido para fazer o pequeno-almoço, depois trabalha com ele no campo ou na vinha. À noite, enquanto ele descansa, ela ainda faz o jantar, arranja a roupa, tricota, tece. Incluindo o nascimento e a criação dos filhos, veremos que a vida da mulher búlgara era extremamente pesada. Se juntarmos a isto as humilhações e os insultos do marido, a sua única consolação e alegria na vida são os filhos. Eles amam-na, ouvem-na e ajudam-na. Quando atingem a idade adulta, ela, a mãe deles, é respeitada por toda a gente da comunidade que quer estar perto deles - levantam-se das cadeiras para ela na igreja, cumprimentam-na na estrada, etc. (Hadzijski: 1974)

"A peculiaridade do sistema patriarcal búlgaro consiste na subordinação etária. Se a mulher ocidental está subordinada ao homem, seja ele o pai, o marido, o filho, aqui na Bulgária, após a morte do sogro e da sogra, a mulher está subordinada apenas ao marido. A mulher é empoderada através da figura da mãe. Ela organiza a vida da casa, determina os deveres das suas filhas e noras e dos seus netos. É ela que decide quem deve escolher como marido para as suas filhas. Não é de estranhar que os jovens solteiros sonhem: "Ah, que a mãe dela goste de mim". Ela tem um poder quase total relativamente a esta escolha e ninguém, nem mesmo o marido, pode interferir. (Hadzijski: 1974)

Independentemente do empoderamento da mulher pelo facto de envelhecer e de os filhos crescerem, o seu lugar no casamento é ao lado do marido. Ela era a sua companheira de trabalho e está totalmente dependente dele. "Era a sua subordinada, tímida e medrosa, tinha de se manter calada para que houvesse paz na família. A única coisa que a camponesa podia esperar do seu esposo, escolhido pessoalmente ou não, era que ele fosse trabalhador e bem-disposto, para que não houvesse discussões familiares e ela não fosse espancada e humilhada." (Hadzijski: 1974)

Quer o casamento tenha sido realizado com o consentimento dos jovens ou não, eles têm de viver juntos e desenvolver as suas personalidades na convivência geral do casamento. A principal coisa de que se precisa é paciência e humildade, que devem ser manifestadas pela mulher. Ela deve ouvir o marido e obedecer-lhe. Ela deve adaptar a sua individualidade pessoal à do marido, mas essa adaptação tem o preço da sua maleabilidade pessoal. Para que haja paz e compreensão na família, os cônjuges devem compreender-se mutuamente. Esta compreensão deve-se à semelhança de carácter dos dois jovens cônjuges, mas devemos ter em conta que a família e os parentes têm uma forte influência no seu casamento. A norma, caraterística do casamento e da mulher-esposa na tradição ocidental, não difere da do nosso país. O casamento é considerado como um suporte para uma sociedade saturada de rigor moral e a mulher é reconhecida como a guardiã da moralidade. Existem fortes exigências em relação a ela que, por sua vez, não são acompanhadas de direitos recíprocos.

A situação da mulher-esposa nas aldeias é mais difícil do que a das mulheres na cidade. Numa sociedade organizada por corporações, a mulher numa posição subordinada é quase igual ao seu marido através do trabalho ininterrupto. "Ela estava a tornar-se uma "companheira de trabalho indispensável e companheira do marido". No seio das corporações, o casamento é iniciado pelo gosto/calculo, mas depois vivido no amor. Este forte amor conjugal é conseguido através de esforços conjuntos para a sobrevivência da família, cuidados e preocupações gerais." (Hadzijski: 1974) O amor entre os cônjuges aumenta com o tempo, o que, como defende Kierkegaard, envolve o estabelecimento de uma história comum de casamento, na qual os cônjuges reforçam a sua relação.

A natureza patriarcal da sociedade búlgara determina as responsabilidades da mulher na educação dos filhos, no cuidado da casa, no apoio moral e físico ao marido. O homem é considerado o dono da casa e da família e a sua vontade e os seus desejos são ouvidos em voz alta. Na função pública, a mulher ocupa uma posição secundária. A falta de educação e de iniciativa económica fazem dela uma companheira silenciosa do homem. Ele não lhe reconhece o direito de ser uma pessoa. As suas histórias e desejos são condenados como insignificantes com frases depreciativas como "mente feminina", "contos da carochinha". A mulher é representada como sem voz, submissa e dependente do marido, "o Deus da mulher é o seu marido". Ela depende do seu favor, mas, ao mesmo tempo, a culpa é sua se algo não funciona em casa. "O homem a trazer para casa com as suas duas mãos, a mulher a carregar com o seu dedo mindinho, a casa continua vazia." (Daskalova: 2012) Espera-se mais da mulher-esposa, ela deve cuidar da casa, das crianças e dos membros idosos da família, e também trabalhar no campo. Não pode tomar decisões (isso só é possível quando é idosa e o marido já morreu), mas deve assumir a responsabilidade pelas possíveis falhas do marido.

Movimento feminista búlgaro após a Libertação

O processo de modernização da vida e das atitudes nas terras búlgaras começou durante o Renascimento. Os primeiros passos da mudança foram associados à educação da população, sobretudo dos rapazes e das raparigas. A ideia de educar as mulheres era combatida porque se partia do princípio de que, se uma mulher soubesse muito, iria querer mandar "vir o galo" e afastar-se das tarefas domésticas. Assim, a sua educação ameaçava os fundamentos da ordem social existente. A falta de conhecimento das mulheres permite que os homens as controlem facilmente e as submetam à sua vontade. Não por acaso, o movimento feminista búlgaro nasceu com a ideia da educação das mulheres. P. Slaveikov partiu do princípio de que a mulher búlgara devia ser educada, mas esta educação ainda estava associada ao homem - ela tinha de ser educada para "se tornar uma boa companheira para o seu marido". (Daskalova: 2012)

As novas ideias para a educação das mulheres passaram pela lente do patriotismo. Era exigido a todas as mulheres búlgaras que casassem e tivessem filhos. Em nome do futuro do país, era preferível que a mulher fosse educada, para que pudesse educar os seus filhos, futuros cidadãos (mais uma vez, referindo-se apenas aos filhos homens). A ideologia da dívida foi utilizada para dar às mulheres um sentido de importância, independentemente do seu estatuto no lar e na sociedade. A negação da igualdade com os homens e as inúmeras restrições dão lugar à dívida feminina - tornar-se esposa e ter filhos. Por um lado, era a ordem de Deus e, por outro, a Pátria (comunidade) esperava isso de si.

A crítica à ordem patriarcal existente e às ideias de igualdade dos sexos começou antes da libertação. Lyuben Karavelov é um dos principais defensores dos direitos das mulheres. Criticou a ordem patriarcal existente que, através de mecanismos de socialização e sanção, reforça a hierarquia dos géneros e o domínio dos homens sobre as mulheres. Karavelov defende a igualdade de educação para ambos os sexos, para que a mulher possa realizar-se profissionalmente e mudar a sua posição.

Os outros contemporâneos de Karavelov aceitavam que as diferenças fisiológicas entre os sexos também predeterminavam as diferenças mentais, pelo que as mulheres deviam ser treinadas em vários programas para cumprirem os deveres "naturais". Por deveres "naturais" da mulher, entendia-se que ela tinha de ser esposa, ter filhos e cuidar da casa e do marido.

Quando a Bulgária se libertou do domínio otomano, encontrou um país fortemente atrasado do ponto de vista industrial, com uma população predominantemente rural (75%), dominada pela tradição patriarcal. Apesar dos esforços para modernizar as atitudes, não só industriais mas também mentais, as percepções tradicionais mudaram muito lentamente. O lugar da mulher era o lar. Era responsável pelas tarefas domésticas, pelos cuidados com os filhos e com os familiares doentes. No casamento, era submissa ao marido, sem direito a exprimir-se em voz alta, a resistência ou a quaisquer perspectivas. Devido às especificidades da realidade histórica do país, à construção da nação e às numerosas guerras pela unificação nacional, o lugar da mulher búlgara foi determinado no contexto da importância e da dívida nacionais. O dever da mulher era dar à luz e criar os filhos - cidadãos da Pátria. Era a guardiã do casamento e da família e qualquer inclinação para tradições europeias ou estrangeiras era prejudicial para a nação. O advento das ideias modernas de igualdade e dos direitos das mulheres foi reconhecido como uma ameaça à identidade búlgara.

As elites liberais após 1878 "mobilizaram as mulheres para a procriação nacional, defendendo o seu papel de mães e donas de casa e promovendo o casamento como instituição fundamental da estabilidade social. O papel público das mulheres era considerado importante para o desenvolvimento económico nacional, mas a sua lealdade ao papel maternal tradicional e o cultivo de "qualidades" tradicionalmente femininas eram definidos como essenciais para proteger a nação búlgara de ideias e práticas estrangeiras subversivas". A recusa de direitos civis e políticos às mulheres foi apresentada como uma tentativa de proteger as tradições búlgaras. Partia-se do princípio de que a mulher estava obrigada pelo casamento (que representava uma espécie de contrato) a realizar actividades de manutenção em casa, mas isso não era reconhecido como trabalho e o homem continuava a ser visto como o chefe de família. (Daskalova: 2012)

As tentativas de melhorar a situação das mulheres na esfera privada e pública foram levadas a cabo pelo movimento feminista búlgaro desde a libertação até 1944, principalmente por associações femininas reunidas na União das Mulheres Búlgaras (BWU). O principal objetivo das associações, juntamente com a sua atividade caritativa, estava ligado ao pedido de igualdade de educação entre homens e mulheres, permitindo às mulheres o acesso ao ensino superior e conferindo-lhes direitos laborais e políticos. Para além da esfera política e social, o sindicato lutava para melhorar a situação da mulher búlgara na esfera familiar. O BWU defendeu a ideia de um direito da família em que homens e mulheres (cônjuges) tivessem direitos e obrigações iguais e em que a mãe tivesse direitos iguais sobre os filhos juntamente com o marido (Daskalova: 2012).

A mulher búlgara e o casamento no período socialista

A evolução da família como instituição social foi condicionada pela inclusão das mulheres no trabalho social profissional, pela industrialização do país e pela introdução de ideias ocidentais. Todos estes factores influenciaram uma mudança na organização da família. O impulso final para esta mudança foi a chegada ao poder do Partido Comunista em 1944. Com a chegada ao poder, o novo governo proclamou a "libertação da mulher do homem". Começou a inclusão em massa das mulheres no trabalho social. A base para a atividade profissional forçada em massa das mulheres foi o aumento acentuado da procura de mão de obra associado aos planos do governo para a rápida industrialização do país. Esta foi a razão para declarar o direito universal ao trabalho, e a categoria "dona de casa" foi condenada como burguesa. Esta situação deu origem a uma mudança tanto na esfera pública como na esfera pessoal.

Um dos principais princípios ideológicos do comunismo é a igualdade entre homens e mulheres em todas as esferas da vida - política, económica e social. Foram adoptadas muitas medidas e alterações legislativas para incentivar as mulheres a trabalharem fora de casa e a serem membros activos da sociedade - "para participarem em pé de igualdade com os homens na construção de uma nova sociedade socialista", "para desenvolverem as mulheres e reforçarem o seu papel social na construção de uma nova sociedade socialista".

Foram criadas padarias públicas, lavandarias e jardins-de-infância. Tudo isto com o objetivo de facilitar a vida das mulheres. Uma vez libertadas do compromisso de fazer o pão, lavar a roupa e cuidar das crianças durante o dia, podiam trabalhar a tempo inteiro e desenvolver-se profissionalmente. Outra ambição do governo era com a introdução de electrodomésticos como fornos, máquinas de lavar roupa, frigoríficos para aumentar ainda mais o tempo de lazer das mulheres. Infelizmente, apesar das comodidades que entraram na vida do cidadão comum, não se traduziram num aumento do tempo de lazer das mulheres.

A administração tentou outros meios, como a licença de maternidade paga, as baixas por doença e programas semelhantes, para aliviar a combinação de obrigações pessoais e profissionais. Apesar dos esforços de igualdade na vida pública, nada conseguiram fazer para alcançar a igualdade entre homens e mulheres em casa. As tarefas domésticas continuaram a ser predominantemente uma responsabilidade feminina. Após o fim do dia de trabalho, começava o trabalho em casa. Este facto deu início a uma série de investigações no domínio dos estudos de género que falavam de "dupla ou tripla carga de trabalho para as mulheres". Esta dupla ou tripla carga de trabalho era o resultado da combinação entre o entendimento patriarcal existente sobre os deveres das mulheres e a nova ideologia da igualdade de género.

Durante a vigência do Partido Comunista Búlgaro na Bulgária, é possível distinguir duas fases principais na política do partido dirigida às mulheres. A primeira é a de 1944-1970 (estes períodos são condicionais), quando as mulheres eram encorajadas a trabalhar fora de casa e escolhiam profissões "masculinas", como tractoristas, ceifeiras-debulhadoras, mecânicas, etc. É o período da masculinização, que procurava reduzir o fosso entre homens e mulheres. As mulheres e os homens eram apresentados como trabalhadores sem sexo. O segundo período é de 1970-1989, quando se inicia o regresso à "feminilidade". Num esforço para aumentar a taxa de natalidade, a propaganda governamental começou a apresentar as mulheres principalmente como mães e donas de casa. As mulheres foram encorajadas a escolher profissões mais adequadas ao seu papel de mãe, como professoras, enfermeiras e outras. Por exemplo, o número de mulheres arquitectas em 1987 era de "5348, e o de homens arquitectos era de 16 252". A tónica foi novamente colocada nas noções tradicionais de feminilidade e no papel da mãe. (NSI: 1987)

No programa do partido para o 10th congresso em 1973, por exemplo, foram incluídos os seguintes parâmetros:

- reduzir o tempo de trabalho das mulheres;
- higiene do trabalho;
- organizar-se de acordo com os deveres maternais da mulher;
- cuidar da mulher e da nova família; (Slavchev, Bachvarov: 1975)

Independentemente dos slogans e postulados partidários e da vontade de mudar a mentalidade patriarcal, os governantes continuaram a reproduzir muitos dos estereótipos dos deveres masculinos e femininos, ao mesmo tempo que novos estereótipos eram impostos à mulher, correspondendo às responsabilidades da ideologia política.

"O problema não é que o pai ajude na casa (é o seu dever!). Nem que a mãe faça locomotivas (é um direito dela!). O problema será se se perder a imagem do pai decidido, corajoso e viril e da mãe meiga e afectuosa. O pai pode ajudar na casa, mas nos esforços físicos pesados, obviamente masculinos, para que aos olhos do rapazinho pareçam uma ajuda cavalheiresca à mãe. E deixem a mãe pilotar locomotivas, mas ela também deve ser capaz de coser um botão e cozinhar o vosso prato favorito, para que tenham o preço de uma mãe aos olhos da menina." (Slavchev, Bachvarov: 1975)

A propaganda não só introduziu novas obrigações femininas enquanto membro trabalhador e ativo da sociedade, como também reforçou com grande sucesso os estereótipos patriarcais - a imagem do pai forte e querido e da mãe gentil. As novas obrigações não foram atribuídas ao pai - a ajuda na casa é expressa novamente na execução de actividades de maior prestígio, no levantamento de objectos pesados ou na reparação de algo. A mulher tem de trabalhar e, ao mesmo tempo, continuar a cumprir as suas responsabilidades domésticas - coser e cozinhar, ser carinhosa e gentil.

A tensão provocada pela tentativa de conciliar a vida familiar e profissional é objeto de numerosos estudos e investigações. Como observou Hall, "enquanto a sociedade espera que as esposas e as mães desempenhem os seus vários papéis (mães, esposas servindo-se a si próprias), dá-se ao luxo aos pais e aos maridos de cumprirem o seu papel por ordem sequencial (empregado, pai, cônjuge). Isto significa que, enquanto os pais estão a trabalhar, não se espera que se preocupem com os problemas familiares. Ao mesmo tempo, quando as mães estão no trabalho, é-lhes pedido que se ocupem não só dos seus deveres oficiais, mas também de todas as questões que afectam a família." (Todorova: 1994)

Os dados de estudos efectuados nos anos 70 e 80 dão uma imagem das relações conjugais no nosso país. O casamento era considerado um valor absoluto e era partilhada a opinião de que "uma pessoa não pode viver plenamente sem um marido/esposa". A escolha do cônjuge era feita de forma independente, o que promovia o crescimento pessoal de cada um dos cônjuges. O mais interessante é que quase metade das mulheres inquiridas estavam casadas com os seus "primeiros amores". Esta elevada taxa pode dever-se ao facto de a sociedade continuar a reproduzir ideias tradicionais e limitações associadas sobretudo à sexualidade feminina antes do casamento.

Outra observação interessante é o facto de o emprego das mulheres fora de casa e o apoio ao orçamento familiar terem obtido elevadas taxas de aprovação por parte dos maridos.

Os resultados do estudo "Mulheres e homens na Bulgária", realizado pelo Instituto Nacional de Estatística (NSI) e pelo Instituto de Demografia da Academia das Ciências, sugerem uma reprodução contínua das obrigações femininas. "Em 1988, as mulheres dedicavam, em média, 264 minutos por dia ao trabalho doméstico, contra 112 minutos para os homens, ou seja, as mulheres dedicavam 2,4 vezes mais tempo ao trabalho doméstico do que os homens." A maior fatia do trabalho doméstico é ocupada pelo tempo de preparação e confeção de alimentos e lavagem de louça - 51 minutos em média por pessoa por dia, o que constitui mais de um quarto de todo o tempo de trabalho doméstico. Outras actividades realizadas quase exclusivamente por mulheres são a lavagem, a passagem a ferro e a reparação da roupa. Em 1988, as mulheres dedicavam a estas actividades uma média de 68 minutos. Mesmo com o advento dos modernos electrodomésticos e equipamentos utilizados para estas actividades, o tempo despendido não está a diminuir, mas sim a aumentar. A limpeza da casa é também uma responsabilidade feminina.

De facto, a maior parte do trabalho feminino permaneceu não remunerado e não reconhecido. As mulheres assumiam a maior parte das tarefas domésticas, mesmo quando os seus maridos não estavam a trabalhar. O estereótipo das actividades femininas e masculinas era tão estável que, mesmo quando estavam desempregados ou tinham tempo livre, os homens não queriam ajudar nas actividades atribuídas às suas esposas. Ocupavam-se da reparação de electrodomésticos, de automóveis ou de trabalhos agrícolas, que ocupavam uma fração ínfima do tempo necessário para a realização das tarefas domésticas.

Por um lado, as mulheres trabalhadoras estavam a reduzir a distância em relação aos trabalhadores masculinos em termos de trabalho fora do agregado familiar, por outro lado, a distância em termos de tempo para o trabalho doméstico estava a aumentar.

A mulher búlgara e o casamento no período pós-socialista

Com a queda do partido comunista na Bulgária, em 1989, ocorreu o chamado período de "transição", que se caracterizou por mudanças sociopolíticas e económicas. Todas estas mudanças afectaram a instituição do casamento e os seus "actores" activos - o homem e a mulher. Muitos investigadores distinguem dois tipos de factores que afectaram o casamento e os parceiros - os factores macro e micro. Os microfactores aplicam-se a todos os casamentos e estão relacionados com as peculiaridades de ambos os parceiros e com o ambiente circundante. Os macro-factores que afectam o casamento estão relacionados com as mudanças políticas, sociais e económicas. Incluíam mudanças na legislação e nas políticas demográficas para a família, mudanças na orientação de valores da sociedade, etc.

Apesar da mudança do regime político, o país continuou a esforçar-se por manter, através da lei ou das políticas familiares, o modelo de casamento mais adequado. Devido ao número insuficiente de pesquisas de qualidade sobre o tema do casamento durante este período, através da pesquisa quantitativa posso tirar as seguintes conclusões:

Durante o período de "transição", o casamento continuou a ser a principal forma de convivência, uma vez que as atitudes em relação ao valor do próprio casamento não mudaram muito. O casamento e, sobretudo, a ideia de família era um valor absoluto. A principal razão para o casamento era o "amor", uma vez que a escolha do cônjuge era efectuada pessoalmente. Os critérios exigidos para um cônjuge eram considerados como a "imagem perfeita" de um marido - era melhor que fosse rico e trabalhador; de preferência com bom coração e bonito; era muito importante que fosse inteligente e imperativamente honesto". (Yachkova: 1997)

Verificou-se uma mudança de atitude relativamente às relações conjugais. A maioria das mulheres inquiridas definiu a relação com o marido como "companheira". Afirmam que recebem ajuda na casa e na educação dos filhos, o que se deve à participação das mulheres no mercado de trabalho. A principal fonte de recursos da família (ou seja, o provedor) continuou sendo o homem, mas a mulher recebeu o apoio dele para ter um emprego. Este apoio pode ter sido devido, por um lado, à mudança de atitudes, mas, por outro, à crise económica.

Os modelos mais comuns de relações conjugais no nosso país variam entre o tradicional e o amigável. O quadro seguinte apresenta as principais caraterísticas de cada um dos modelos e mostra o que é considerado como obrigações para a mulher e o que é para o marido.

Funções	Modelo tradicional	Modelo não tradicional	Modelo amigável
Funções principais	Homem	Homem	Ambos os cônjuges
Assegurar o financiamento da família	Homem	Ambos os cônjuges	Ambos os cônjuges
Responsabilidade pela educação do crianças	Mulher	Mulher	Ambos os cônjuges
Apoio à realização social	Homem	Mais do homem, mas também do mulher	Ambos os cônjuges

Reconhecer os seus personalidade como valor	Mais sobre o homem	Mais do homem, mas também da mulher	Ambos os cônjuges
As necessidades sexuais são satisfeito	Principalmente do homem	De ambos os cônjuges	De ambos os cônjuges
As necessidades emocionais são satisfeito	Formall y de ambos, mas esta função não é importante	Ambos cônjuges	Ambos os cônjuges
As necessidades espirituais são Satisfeito	Mais sobre o homem	Ambos os cônjuges	Ambos os cônjuges

(A conclusão sobre os modelos é feita com base nos dados do inquérito "O casamento como valor, realidade e perspetiva", 1997, ASSA)

Podemos concluir que o habitus feminino, construído na realidade búlgara, é uma mistura da tradição patriarcal e dos postulados ideológicos impostos durante o comunismo. Por um lado, a mulher continua a ter expectativas que são resquícios de normas e valores patriarcais, por outro lado, há novas expectativas, fruto da ideologia socialista. Espera-se que a mulher se eduque, que seja uma boa dona de casa (saiba cozinhar, limpar, costurar), que seja uma boa mãe e carinhosa e que apoie o marido. Ao mesmo tempo, ela tem de trabalhar para ganhar dinheiro para sustentar o orçamento familiar, sem ser a principal fonte de recursos da família. Esta compilação de atitudes imputadas e expectativas públicas revelou-se extremamente física para a mulher búlgara - não só fisicamente, mas também mentalmente.

O período de transição da economia planificada para a economia de mercado e do totalitarismo para a democracia criou dificuldades na satisfação destas expectativas, dando origem a conflitos no seio da família. A "transição" trouxe uma reestruturação do mercado de trabalho e reformas no espaço social e político. Se, durante o comunismo, a mulher podia contar com um pacote de serviços e benefícios sociais, com o qual era mais fácil equilibrar as expectativas e os papéis atribuídos, depois de 1989, este apoio estatal foi diminuindo e chegou a desaparecer. Começaram os despedimentos em massa e as repressões financeiras. Durante os despedimentos, as mulheres foram as primeiras a ser despedidas "os homens tinham de alimentar as suas famílias". A "transição" contribuiu para o regresso, se é que se pode falar da sua extinção, de muitas ideias tradicionais sobre a organização da família. A mulher tinha de ser dona de casa e o homem tinha de ser o ganha-pão. A situação económica não permitia que a mulher fosse apenas uma dona de casa. Tinha de ser economicamente ativa, mas também uma mãe e uma esposa exemplar.

Capítulo 3

A formação de um modelo conjugal

O casamento é um fenómeno social que, durante séculos, regulou as relações sexuais, económicas e interpessoais numa determinada sociedade. As principais funções desempenhadas pelo casamento são a procriação e a garantia da herança dos bens familiares, dos títulos, etc. O processo de procura do parceiro matrimonial certo é motivado não só por necessidades e desejos pessoais, mas também pelos desejos da comunidade (grupo), que são incorporados nos desejos muito pessoais. Com o desenvolvimento da sociedade, as suas necessidades estão a aumentar e a mudar e, com isso, as do indivíduo também. As suas necessidades e desejos em relação ao seu cônjuge são complicados. Isto permite aos investigadores distinguir as fases por que passam a instituição da família e as relações no seu seio. Liliana Spasovska analisa a mudança que ocorreu na instituição do casamento na Bulgária após 1989. Para o efeito, examinou dois conceitos: "sucesso do casamento" e "estabilidade do casamento". Para efeitos do presente estudo, trabalharemos com o termo "sucesso do casamento" na medida em que afecta a posição das mulheres no casamento. Por "sucesso do casamento" entendemos "a capacidade de os cônjuges se adaptarem um ao outro e à situação familiar como um todo, de melhorarem os seus hábitos de comunicação mútua, a disponibilidade de necessidades, interesses, objectivos e valores comuns, as suas atitudes idênticas e a compreensão da organização da vida familiar e da vida fora da família, a sua satisfação com o cumprimento dos papéis familiares, a proximidade emocional entre eles e a capacidade de a manter ao longo do tempo." (Spasovska: 2000) O desenvolvimento das relações conjugais tem sido historicamente determinado, em primeiro lugar, pela natureza e extensão do desenvolvimento sócio-económico, sem que sejam automáticas e diretamente o seu reflexo. Elas dependem da cultura espiritual, dos costumes e das tradições. Todos estes factores, económicos, sociais, políticos, afectam a vida conjugal. Se utilizarmos a definição da abordagem sistémica, a família é um sistema social autónomo de sujeitos humanos hierarquicamente organizados. Os membros deste sistema representam subsistemas, que por sua vez participam noutros sistemas, etc. As relações e as acções da família conjugal são um sistema aberto, suscetível de influências externas que afectam as funções do casamento. As funções ou papéis do indivíduo na família também reflectem as exigências da sociedade, refractadas através do seu próprio prisma. Isto também se reflecte nos dois aspectos das funções: o real e o ideal. O cumprimento destas condições proporciona uma relação harmoniosa entre a sociedade, a família e o indivíduo.

Esta harmonia só é assegurada se o casamento, enquanto instituição, cumprir as suas funções básicas.

A nível público, o casamento:

- Cria ordem na comunicação sexual entre os sexos;
- Organiza uma assistência mútua às mulheres e aos homens na educação biológica e social dos seus filhos.

A nível pessoal, o casamento:

- Satisfaz as necessidades de uma comunicação sexual permanentemente aprovada e controlada pelo parceiro público;
- É uma empatia emocional;
- É a educação e a socialização da descendência;
- É o fornecimento de recursos materiais para viver;
- É uma organização da vida material e espiritual, bem como um suporte para a realização social por parte desse parceiro.

As obrigações dos cônjuges são construídas juntamente com as funções do casamento. Cada um deles tem de cumprir diferentes papéis prescritos pela sociedade e incorporados na consciência do indivíduo através da sua socialização.

"Os papéis familiares são definidos, prescritos e sancionados pela sociedade e pela família, mas são percebidos, estudados e aplicados pelos indivíduos enquanto seus membros. Resultam de posições ocupadas na família e são alterados no processo de funcionamento e desenvolvimento. Em relação a elas, cada um dos cônjuges traz certas exigências ao outro cônjuge. No entanto, os pais idosos e outros familiares também têm expectativas relevantes e, mais tarde, também os filhos em crescimento. O grau de correlação entre as expectativas do papel e o comportamento específico do papel dos cônjuges é um critério para avaliar o desempenho de um determinado papel conjugal e familiar." (Spasovska:2000)

A atitude em relação ao casamento depende da aplicação de várias caraterísticas fundamentais. São elas: a satisfação sexual e emocional dos parceiros, o modo de tomada de decisões, a gestão e a distribuição das obrigações familiares. Os casamentos em que as necessidades sexuais de ambos os parceiros são satisfeitas têm a taxa de sucesso mais elevada. A satisfação emocional e o apoio ao desenvolvimento profissional também influenciam fortemente a avaliação do casamento. Outro fator muito importante que tem uma influência positiva ou negativa é a distribuição das tarefas domésticas. As mulheres sentem-se satisfeitas e avaliam o seu casamento como feliz ou bem sucedido quando os homens realizam parte das suas tarefas. Para além disso, podemos acrescentar a forma como os conflitos são resolvidos na família. Os casamentos em que os conflitos são resolvidos com muitas concessões por parte da mulher têm um sucesso elevado. A consideração da forma de resolução de conflitos interessa-me apenas como indicação da distribuição de poder entre os parceiros. É importante verificar se os conflitos emergentes terminam com concessões por parte da mulher ou se são resolvidos através de discussão.

Capítulo 4

Resultados do inquérito

A utilização do método da "história oral" revelou-se um problema de investigação muito adequado. As mulheres contam não só a sua experiência matrimonial, mas também criam significados expressos através da racionalização das histórias. Descrevem o seu casamento como positivo, bem sucedido ou não tão bem sucedido. Como bem sucedido numa área e fracassado noutra, mas esta avaliação aconteceu ou está a acontecer agora, a partir da posição dos anos passados de experiência acumulada no casamento, do crescimento dos filhos e da obtenção de alguma estabilidade económica.

Muito interessante e também muito indicativa do estado em que se encontra atualmente a instituição do casamento é uma frase que um dos inquiridos disse quando nos conhecemos: *"Sou um dos poucos com um casamento feliz".* Uma frase que apoia a atitude geral de negação em relação à instituição do casamento. O casamento não é visto como um valor ou uma opinião absoluta, o facto de uma pessoa não estar completa sem um parceiro não é partilhado pelas mulheres inquiridas. O valor do casamento consiste em manter a "paz dos filhos". Todas as inquiridas, de uma forma ou de outra, seguem a ordem existente ***"aprender-trabalhar-casar".***

O fator comum nos casos examinados é que as mulheres respeitam a norma existente e as expectativas públicas. São elas que sucumbem aos desejos dos seus maridos, estão prontas e fazem mais compromissos em nome do casamento e da família. Quer se trate de iniciar um negócio privado, de escolher um local para as férias anuais ou de comprar uma peça de mobiliário, se os maridos não estiverem de acordo, a ação simplesmente não se realiza e as mulheres têm de cumprir a sua vontade.

A história é semelhante nos processos de tomada de decisão ou de resolução de conflitos.

No processo de tomada de decisão, as mulheres participam na discussão e no debate, mas quando se trata de tomar a decisão propriamente dita, a palavra decisiva vem dos seus maridos. Na maioria dos casos, as decisões são tomadas de forma quase autoritária pelos homens. No entanto, se elas, as mulheres, quiserem impor a sua própria opinião, têm de recorrer a *"truques", a "influências",* para *"remover com algodão"* a alma dos maridos. A resolução de conflitos processa-se de forma semelhante. Os homens que são apresentados como "muito emocional" na maioria dos conflitos tem a última palavra. A utilização da palavra "emocional" é uma tentativa de disfarçar e/ou banalizar a natureza explosiva dos seus homens. Num caso, a mulher foi sujeita a agressões físicas quando discordava do marido. Vemos que as velhas práticas de influência sobre o marido continuam a reproduzir-se. A mulher deve ser um "anjo do lar" que mostra compaixão para com os homens - "ser gentil; lisonjeira; enganadora; e usar todas as artes e artimanhas do nosso sexo." (Woolf: 1997) As mulheres precisam de atingir os seus objectivos sem confrontação direta, com o desejo de discussão, com um consentimento aparente. Este comportamento da influência oculta, que Mill criticou, continua válido e a funcionar na prática atualmente.

As mulheres, conscientemente ou não, mantêm o estatuto de "chefe" do casamento para os seus cônjuges. As mulheres entrevistadas deixam que os seus maridos liderem e elas seguem-nos. Elas, voluntariamente ou não, aceitam desempenhar um papel de "apoio" nos seus casamentos, aceitando os homens como sua autoridade.

Com base nos casos examinados, pode dizer-se que a norma existente sobre o casamento e o lugar das mulheres continua a ser o seu cerne. A divisão das responsabilidades masculinas e femininas continua a ser amplamente praticada. Os cuidados com os filhos são da responsabilidade das mulheres e a participação dos homens limita-se a funções de representação, criando o sentimento de família. Em apenas um dos casos analisados, o marido esteve totalmente envolvido na educação da criança e na ajuda à mulher. Os restantes inquiridos afirmaram que os seus maridos mantêm boas relações com os filhos, mas só depois de estes terem crescido. De um modo geral, as tarefas domésticas são consideradas como trabalho e responsabilidade das mulheres e, se um homem decide fazer algo das "tarefas das mulheres", a sua mulher deve ficar-lhe grata.

Apesar de os meus inquiridos serem responsáveis pela educação dos filhos e pelas tarefas domésticas, também têm de trabalhar para sustentar o orçamento geral. Todas as inquiridas disseram que queriam trabalhar, mas também se esperava que trabalhassem. A possibilidade de ficarem em casa apenas como donas de casa não foi discutida, mesmo quando ficaram desempregadas; as inquiridas também disseram que tinham sido alvo de insultos por parte dos maridos porque colocavam a sua família em dificuldades.

A satisfação das suas necessidades - emocionais e espirituais - é satisfatória num grau variável para os inquiridos, sem que estes lhe atribuam uma avaliação específica.

O sexo continua a ser um tabu. Nenhum dos inquiridos quis falar sobre este assunto, afirmando que se trata de um assunto muito pessoal. As experiências íntimas ou a falta delas não foram discutidas. Curiosamente, no que diz respeito aos sentimentos em relação ao marido, as inquiridas também são bastante lacónicas. De acordo com os dados do INE, a razão mais comum dada para o casamento é o "amor". Nos casos estudados, nenhuma das inquiridas indicou o "amor" como motivo para se comprometerem com o seu próprio casamento. As razões apresentadas vão desde o "afeto", passando pelo "gosto", até ao "desejo de ter filhos". Outras qualidades que as mulheres indicaram como tendo-as impressionado nos seus maridos são a "aparência", a "estabilidade na transmissão", "e o galanteio".

Para podermos determinar o "lugar" que a mulher ocupa no casamento, utilizamos o termo "lugar" de Bourdieu. Desenvolvendo a sua teoria do campo, Bourdieu indica o lugar que cada pessoa ocupa no campo apropriado, baseando-se na distribuição do poder no campo em causa. O campo familiar é caracterizado por actores de campo - o homem e a mulher que entram neste campo com determinadas posições de poder em interação. A atribuição e/ou reafectação de posições de poder nas relações conjugais identifica a mulher. Através da análise dos resultados do inquérito realizado, podemos dizer que a mulher ocupa o segundo lugar na instituição do casamento. Este facto, por sua vez, leva à criação de um modelo muito complexo de organização das relações entre os parceiros. A combinação de diferentes modelos de organização do casamento é interessante. Temos uma forte dominância masculina, caraterística das exigências e obrigações patriarcais, mas também temos pontos de vista liberais sobre a igualdade e a parceria. Este modelo predominou em todos os casos. Chamo a este modelo complexo de relações conjugais ***"patriarcado moderno".***

Uma compilação de direitos e obrigações relacionados com o modelo patriarcal, por um lado, e com o modelo de pares, por outro, é típica do patriarcado moderno.

No patriarcado moderno, as funções de gestão, como a tomada de decisões importantes, a resolução de conflitos e a determinação da direção da família, são desempenhadas pelos homens. A mulher está envolvida na discussão dos problemas e das formas de resolução de conflitos, e participa na formação do orçamento familiar. Isto não só é esperado, como também exigido dela, mas sem que ela seja a principal fonte de recursos para a manutenção da família. Os cônjuges masculinos, alguns obviamente, outros nem tanto, querem ser reconhecidos como "chefes" da família. Consciente e deliberadamente, este reconhecimento é efectuado pelas mulheres. Em nome do casamento, as esposas fazem mais concessões e compromissos. Assim, o modelo modelado com a distribuição das posições de poder confere à mulher um "lugar" secundário na união conjugal. Tradicionalmente, as mulheres eram incumbidas de cuidar dos filhos e das tarefas domésticas. As mudanças que estão a ocorrer estão relacionadas com o reconhecimento da personalidade da mulher. As suas necessidades emocionais e espirituais são satisfeitas. Ela recebe apoio para o seu desenvolvimento profissional, mas o homem continua a ser uma prioridade. Se ambos têm a oportunidade de se desenvolver profissionalmente, é ela que deve ceder para que o marido se desenvolva. Só depois de ele ter alcançado a posição desejada é que a mulher pode ser desenvolvida, se possível.

Resumindo os dados dos casos estudados, surgiu o seguinte padrão:

Funções	Executor

Funções de chefia (Tomada de decisões; resolução de conflitos)	Discutido por ambos, mas é o homem que toma a decisão
Prestação de serviços financeiros meios para a família	Ambos
Responsabilidade pela educação dos filhos	Mulher
Apoio à realização social	Ambos, mas o homem tinha prioridade
Reconhecer a sua personalidade como valiosa	Ambos
As necessidades emocionais são satisfeitas	Ambos
As necessidades espirituais são satisfeitas	Ambos
Responsabilidade pela execução do actividades domésticas	Mulher
Compromissos	Mulher

De acordo com a tabela, o modelo criado confere à mulher um "lugar" secundário na união conjugal, independentemente das mudanças na situação social das mulheres e de algumas mudanças no lar. Com base na distribuição do poder no casamento, ela continua a seguir o marido e a ocupar um "lugar" secundário (não utilizamos o termo "sujeito" porque as mulheres participam na discussão das decisões tomadas, têm a oportunidade de exprimir os seus pontos de vista, independentemente de os maridos os acatarem, e podem discordar).

É preciso reconhecer que estas mulheres cresceram sob o comunismo, criaram o hábito de que é preciso viver e construir relações conjugais durante a mudança de regime. Não é de estranhar que seja esta a forma como falam da constituição de família e do casamento: "Esta era a ordem", "Não pensávamos muito nisso". As construções sociais do pensamento não questionaram o óbvio. O habitus, que é criado para as mulheres, está novamente carregado de mais expectativas: ela deve estudar, começar a trabalhar, depois casar e continuar a trabalhar. Na vida de casada, tem de se ocupar dos filhos, das tarefas domésticas e de apoiar o marido. Mas também pode precisar de apoio e assistência, de participar na tomada de decisões e de tentar quebrar os estereótipos das responsabilidades femininas e masculinas.

Conclusão

O estudo realizado e os seus resultados revelaram-se úteis para a história das mulheres e do género na Bulgária, porque fornecem uma perspetiva feminina sobre três categorias importantes: o casamento, o modelo conjugal e as relações conjugais.

Casamento

Nas suas histórias, as mulheres concordam que o casamento não é obrigatório, mas necessário. O entendimento de Hegel do casamento como instituição só é possível através da lei e passa pelo prisma da garantia social de que as crianças "estão calmas". O valor da instituição do casamento é elevado apenas em relação aos filhos; para as próprias mulheres, enquanto esposas, não é tão importante definir as relações com os seus maridos. O casamento não é tomado como duradouro e como a alternativa mais desejável e única para as mulheres, o que destrói os estereótipos existentes sobre o "destino" feminino e a predestinação.

Modelo conjugal

A partir das histórias das mulheres, podemos concluir que elas partilham a norma numa proporção muito elevada, não tanto no que diz respeito ao casamento em si, mas no que diz respeito ao lugar e ao papel da mulher-esposa. Inconscientemente, através de padrões de comportamento socializados, elas adoptam muitas das coisas como normais, naturais. É normal que cuidem dos filhos e das tarefas domésticas, que sejam o esteio dos maridos, que estudem, que trabalhem. Os inquiridos mostram uma reflexão sobre a educação que receberam e com base na qual fizeram as coisas de uma determinada maneira - "Recebi essa educação.", "As normas morais eram diferentes.", "Sou muito moralista." Esta norma moral aceita como "normal" que a mulher siga o marido, enquanto este é responsável pelo sustento financeiro da família e pela tomada de decisões importantes relacionadas com a família.

Relações conjugais

O método de distribuição das tarefas domésticas relacionadas com o funcionamento quotidiano da vida conjugal, a guarda dos filhos, a gestão de conflitos e a tomada de decisões

A tomada de decisões também define a atitude em relação ao modelo de casamento e qual é exatamente o lugar da mulher nesse modelo. A mulher búlgara continua a ocupar o segundo lugar. O problema é que as práticas existentes não estão sujeitas a dúvidas e carecem de sensibilidade em relação ao género no casamento.

Principais conclusões:

- Os padrões de comportamento conjugal existentes continuam a reproduzir-se;
- As normas matrimoniais e o lugar e o papel da mulher-esposa permanecem os mesmos;
- A mulher continua a ser vista como companheira e apoiante do marido, mas não como um parceiro igual em termos de distribuição de poder na construção das relações conjugais;
- As decisões importantes são tomadas principalmente pelos homens;
- As mulheres participam nas discussões sobre a tomada de decisões e a resolução de conflitos;
- As mulheres mantêm conscientemente o estatuto de "ganha-pão" para os seus maridos;
- A ordem social existente e o modo de formação das relações conjugais entre os cônjuges só são considerados problemáticos pelas mulheres depois de os filhos terem crescido e de terem acumulado anos suficientes de experiência matrimonial;
- Verificou-se uma falta de sensibilidade em relação ao casamento e às relações conjugais por género;
- A razão para casar é gostar de alguém, mas uma razão ainda mais forte é o desejo de ter um filho;
- As mulheres procuram segurança nos seus parceiros e a garantia de que ele será um bom marido e pai;

As histórias dos inquiridos descrevem uma trajetória geral e as caraterísticas da instituição do casamento na Bulgária. Representam a história da instituição do casamento e, em particular, a história da mulher-esposa. Reflectem a sua experiência individual, ao mesmo tempo que ilustram normas sociais comuns, expectativas e esquemas de perceção construídos, como afirma um dos inquiridos: "A ordem era esta: estudar - trabalhar - casar - ter um filho". Na altura, a ordem não era problemática ("não me lembrei de pedir igualdade"). Esta ordem e as expectativas que lhe estavam associadas definiram o padrão de organização do seu próprio casamento. Ela não teve grande hipótese de escolher, "segundo os costumes da época, já era tarde para constituir família". A sociedade espera dos seus membros um padrão de conduta específico, que é exigido pela coerção perante os membros mais velhos da família.

As mulheres falam com amargura sobre as oportunidades perdidas a nível profissional e pessoal, a oportunidade perdida de passar mais tempo com os filhos e os planos profissionais não realizados. Nas histórias de todas as inquiridas, é possível sentir uma desilusão em relação aos compromissos assumidos que não foram apreciados pelos maridos e em relação ao casamento precoce e aos cuidados e responsabilidades subsequentes. A amargura sentida em relação aos compromissos, às ambições não realizadas e às oportunidades perdidas foi iniciada pelas expectativas não satisfeitas de apoio e reconhecimento e pelo reconhecimento incalculável dos sacrifícios esperados dos maridos.

A partir dos resultados da análise, podemos concluir que os homens recebem mais do casamento do que as mulheres. Por conseguinte, os homens dão mais valor ao casamento do que as mulheres. As mulheres, no entanto, são aquelas que estão dispostas a fazer mais concessões em nome do casamento e da família.

A luta pelo desenvolvimento da relação conjugal é uma luta pelo desenvolvimento de um "modelo comum", no qual os parceiros são intercambiáveis. Não há separação de papéis e responsabilidades entre homens e mulheres. A criação de hábitos femininos e masculinos é eliminada. O poder e as responsabilidades são distribuídos de forma mais equitativa. A análise do desenvolvimento histórico da instituição do casamento e das relações conjugais no nosso país, efectuada neste trabalho, mostrou que as normas do casamento e da mulher-esposa permanecem inalteradas. Continua a ser considerado "natural" que a mulher cuide da casa e dos filhos, ajude e apoie o marido. A mudança visível não altera as regras existentes, apenas traz obrigações adicionais para a mulher. Espera-se agora que ela se instrua e trabalhe fora de casa (para sustentar o orçamento familiar), mas estas novas exigências são também uma oportunidade de autonomia pessoal e de reconhecimento da sua própria personalidade.

As histórias dos inquiridos descrevem uma trajetória geral e as caraterísticas da instituição do casamento na Bulgária. Representam a história da instituição do casamento e, em particular, a história da mulher-esposa. Reflectem a sua experiência individual, ao mesmo tempo que ilustram normas sociais comuns, expectativas e esquemas construídos de percepções sobre o casamento e as responsabilidades conjugais.

De tudo isto, podemos inferir que o casamento é uma instituição tradicional e imutável e que as mulheres que partilham implícita ou explicitamente a visão tradicional do papel da mulher têm mais probabilidades de procurar a realização no e através do casamento.

Referência:

Agostinho. Santo Agostinho: The Literal Meaning of Genesis. Vol 1, Série Escritores Cristãos Antigos, 41. Newman Press, Nova Iorque e Ramsey, 1982, pp.98-99

Averintsov, S., 2008. Brakyt I semeistvoto: nesvoevremenen opit za hristianski pogled vyrhu neshtata. Sp.Hristianstvo I kultura 5.pp. 18-23

Bibliata, 1995. Sv. Sinod na Balgarskata cyrkva. Sofia.

Bovouar, S., 1996.Vtoriat pol. V.1-2, Sófia. Kolins-5.

Bourdio, P., 2002. Myjkoto gospodstvo. Sofia. LIK Press.

Bourdio, P. 1997. Practichekia razum, Kritika I humanizam Press, Sofia, pp. 291

Bourdien, P., Distinction: A social critique of the Judgement of Taste, Harvard University Press, Cambridge, Massachusetts, 1984

Butler, J. 1989. Gender Trouble: Feministand Subversion of Identity. New York. Routledge

Daskalova, K., 1999. Feminizm I ravnopravie v balgarskia 20 vek. Maiki I dashteri. pp. 80-105

Daskalova, K., 2012. Jeni, pol I modernizacia v Balgaria, 1878-1944. Sófia, Universitetsko Izdatelstvo Sv. Kliment Ohridski.

Daskalova, K., 2001. Istoria na jenite, feminizma I ramkite za tqhnoto osmislqne : In: Teoria prez granica, POLIS Press, Sofia, pp.28-58

Daskalova, K., 2003. Tehnite sobstveni glasove: mejdu ustnata istoria I istoriata na pola. In: Tehnite sobstveni glasove. Jiteiski razkazi, Sofia, pp.513

Diekmann, A. Empirische Sozialforschung. Grundlagen, Methoden, Anwendungen.(4.durchgel. Ausg.). Reinbeck: Rohwolt. 1998. pp. 483.

Dinkova, M. 1997. Brakat kato cennost, realnost I predstava, ASSA, Sófia, p.16

Evdokimov, P., 2014. Tainstvoto na braka. Disponível em: http://www.pravoslavie.bg/%D0%B1%D1%80%D0%B0%D0%BA/%D1%8

2%D0%B0%D0%B9%D0%BD%D1%81%D1%82%D0%B2%D0%BE%D1 %82%D0%BE-%D0%B1%D1%80%D0%B0%D0%BA/
ESI. 1977. Bylgarskoto semeistvo. Sofia.
Ghodsee, K., Red Nostalgia? Communism, Women's Emancipation and Economic Transformation in Bulgaria, L'Homme Z.F.G., 15, 2, 2004
Good, W.J. e Hatt, P.K.: Methods in Social Research. McGraw Hills, Nova Iorque, 1952, p.196-197
Habermas, U. Strukturni izmenenia na publichnostta. Sv. Kliment Ohridski Press. Sofia, 1995, pp. 86-93
Hadjiiski, I., 1974. Optimistichni teorii za nashia narod. V.1. Sofia. Balgarski pisatel Press.
Hadjiiski, I., 1974. Bit I dushevnost na nashia narod. V.2. Sofia. Balgarski pisatel Press
Hegel, G., 2001. Filosofia do Direito, Imprensa GAL-IKO, Sófia
Hegel, G., 1969. Phenomenologia na duha. Imprensa da Universidade "Marin Drinov", Sófia, pp.391-407
Jekova, B., 2006. Razvitie na brakovete I brachnostta v Balgaria. Sp. Naselenie 3-4 Sofia.pp. 30-46
Kirova, M., 2011. Matriarhatat I negovite bashti. Disponível em: http://liternet.bg/publish2/mkirova/matriarhatyt.htm
Koleva, D., 2002. Biografia I normalnost. Sofia. LIK Press.
Lasuel, H. 1992. Struktura I funkcia na komunikaciata v obshtestvoto. In: Bobchev. Komunicata. Sofia. FJMK.
Maiendorf, Y., 2008. Brakyt v prasoslavieto. Sp. Hristianstvo I kultura 6. Pp.66-75
Mill, G.S., 2010. Podchinenieto na jenite. Siela Press, Sofia
NSI. 1992. Semeistvata v Bylgaria.
NSI. 1995. Jenite v prehod kym pazarna ikonomika
NSI. 1998. Majete I jenite v Balgaria. pp.36-44
NSI. 1987. Godishnik.Sofia. pp. 115

NSI. 1993. Godishnik.Sofia.

Oral History, An Interdisciplinary Anthology, editado por David Dunaway e Willa Baum, Segunda Edição, Altamira Press, 1996

Slavcheva, S., Bachvarova, P. 1975. Lubov I brak. Sofia. Medicina I fizkultura Press.

Spasovska, L., 1997. Patriarhalno-tradicionnia brak v Balgaria I negovata stabilnost.sp. Naselenie 1-2, Sófia. Pp. 69-75

Spasovska, L., 1985. Pokolenia I semeistva: sociologicheski aspekti. Sofia. OF Press.

Spasovska, L., 2000. Promeniashtiat se brak v Balgaria. Imprensa Académica "Prof. Marin Drinov", Sófia, pp.9

Sangster, J., Telling our stories, Feminist debates and the use of oral history, Women's History Review, 1994, vol. 3, no. 1, p. 5-28, com autorização do autor e da Women's History Review

Thompson, P., the voice of the past, Oral history, Oxford University Press, segunda edição, 1988, p.22-72

Instituto de Estudos Económicos Comparados de Viena (VICES), COMECON Data 1981, Nova Iorque 1982, p.298.

Woolf, V., 1997. Profesii za jeni, In: Vremeto na jenite, "Sv. Kliment Imprensa "Ohridski", Sófia

Yachkova, M., 1997. Semeistvoto I podgotovkata za nego /Izsledvania I analizi ot 90-te godini. Sofia. ASSA-M Press. pp.46

Printed by Books on Demand GmbH, Norderstedt / Germany